essentials

W0262612

essentials liefern aktuelles Wissen in konzentrierter Form. Die Essenz dessen, worauf es als „State-of-the-Art" in der gegenwärtigen Fachdiskussion oder in der Praxis ankommt. *essentials* informieren schnell, unkompliziert und verständlich

- als Einführung in ein aktuelles Thema aus Ihrem Fachgebiet
- als Einstieg in ein für Sie noch unbekanntes Themenfeld
- als Einblick, um zum Thema mitreden zu können

Die Bücher in elektronischer und gedruckter Form bringen das Expertenwissen von Springer-Fachautoren kompakt zur Darstellung. Sie sind besonders für die Nutzung als eBook auf Tablet-PCs, eBook-Readern und Smartphones geeignet. *essentials:* Wissensbausteine aus den Wirtschafts-, Sozial- und Geisteswissenschaften, aus Technik und Naturwissenschaften sowie aus Medizin, Psychologie und Gesundheitsberufen. Von renommierten Autoren aller Springer-Verlagsmarken.

Weitere Bände in dieser Reihe http://www.springer.com/series/13088

Sabine Wegner-Kirchhoff

Konfliktcoaching in Organisationen

Lösungsorientiertes Arbeiten für Berater, Mediatoren und Führungskräfte

Springer

Dr. Sabine Wegner-Kirchhoff
conswk
Baden-Baden, Deutschland

ISSN 2197-6708   ISSN 2197-6716 (electronic)
essentials
ISBN 978-3-658-14506-4   ISBN 978-3-658-14507-1 (eBook)
DOI 10.1007/978-3-658-14507-1

Die Deutsche Nationalbibliothek verzeichnet diese Publikation in der Deutschen National-
bibliografie; detaillierte bibliografische Daten sind im Internet über http://dnb.d-nb.de abrufbar.

Springer

© Springer Fachmedien Wiesbaden 2017
Das Werk einschließlich aller seiner Teile ist urheberrechtlich geschützt. Jede Verwertung, die
nicht ausdrücklich vom Urheberrechtsgesetz zugelassen ist, bedarf der vorherigen Zustimmung
des Verlags. Das gilt insbesondere für Vervielfältigungen, Bearbeitungen, Übersetzungen,
Mikroverfilmungen und die Einspeicherung und Verarbeitung in elektronischen Systemen.
Die Wiedergabe von Gebrauchsnamen, Handelsnamen, Warenbezeichnungen usw. in diesem
Werk berechtigt auch ohne besondere Kennzeichnung nicht zu der Annahme, dass solche
Namen im Sinne der Warenzeichen- und Markenschutz-Gesetzgebung als frei zu betrachten
wären und daher von jedermann benutzt werden dürften.
Der Verlag, die Autoren und die Herausgeber gehen davon aus, dass die Angaben und Informa-
tionen in diesem Werk zum Zeitpunkt der Veröffentlichung vollständig und korrekt sind.
Weder der Verlag noch die Autoren oder die Herausgeber übernehmen, ausdrücklich oder
implizit, Gewähr für den Inhalt des Werkes, etwaige Fehler oder Äußerungen.

Gedruckt auf säurefreiem und chlorfrei gebleichtem Papier

Springer ist Teil von Springer Nature
Die eingetragene Gesellschaft ist Springer Fachmedien Wiesbaden GmbH

Was Sie in diesem *essential* finden können

- Konkrete Beispiele für Interventionen in Workshops mit betroffenen Konfliktparteien
- Anschauliche Darstellungen des Beratungsprozesses bei Konflikten zwischen Projektteams aus unterschiedlichen Unternehmen: Vom ersten Kontakt bis zur Lösungsfindung
- Workshopdesigns zur Entwicklung von Teams mit komplexen Konfliktthemen
- Ein Interview mit einer Führungskraft des oberen Managements eines Konzerns zur persönlichen Erfahrung im Umgang mit Konflikten
- Reflexion über die Rolle des Beraters: Fallstricke und Stolpersteine im Prozess des Konfliktcoaching

Vorwort

Das vorliegende *essential* stellt einen Ausschnitt meiner Erfahrungen als Konfliktcoach dar, die ich in mehr als 15 Jahren gewonnen habe. Die betroffenen Konfliktparteien kamen aus unterschiedlichen Branchen, mittelständischen Unternehmen und großen Konzernen. In einigen Fällen habe ich die komplexen Beratungsprozesse zusammen mit Kollegen aus meinem Beratungsnetzwerk „LüdersPartner" begleitet, was ich stets als Bereicherung erlebe.

Inhaltsverzeichnis

Einleitung

> *Du willst direkt ans Ziel*
> *und träumst von dessen Glanz?*
> *Dann setz die Zeit ins Spiel*
> *und schaffe dir Distanz –*

Mit diesem Aphorismus des Schweizer Dichters Olivier Theobald (2015) wird sehr treffend und einprägsam ein Bild davon gezeichnet, wie wichtig es ist, in einer Konfliktsituation zunächst einen Schritt zurück zu treten und sich das Geschehen von einem anderen Standpunkt aus zu betrachten. Dieser Perspektivenwechsel stellt für die meisten Menschen durchaus eine Herausforderung dar, da sie in einer sogenannten „Konfliktfalle" (Friedman und Himmelstein 2008, S. 10) gefangen sind. Dies bedeutet, dass beide Seiten in einem Netz von Annahmen über den jeweils anderen, mentalen Modellen, Gefühlen wie Enttäuschung, Ärger und Wut und gegenseitigen Vorwürfen und Anschuldigungen gefangen sind. Unbewusst wiederholen die am Konflikt Beteiligten bestimmte Muster von Eskalationen: Jeder beharrt auf seiner Position, verteidigt sie gegen den anderen, klagt an, weigert sich, dem anderen zuzuhören und fühlt sich in seinem Verhalten bestätigt, da der andere ganz ähnliche – nahezu gespiegelte – Reaktionen zeigt: „Their defensive behavior is mirrored by the other" (Friedman und Himmelstein 2008, S. 12).

In Organisationen und insbesondere in Unternehmen der freien Wirtschaft kann diese Blockadehaltung zu verheerenden Auswirkungen führen, wenn zum Beispiel aufgrund von Terminproblemen, die vorher nicht angekündigt werden, eine Lieferfrist nicht eingehalten werden kann und der Kunde den Auftrag zurückzieht. Spätestens jetzt entscheiden verantwortliche Führungskräfte, dass es notwendig und zielführend sei, die Beteiligten des „verunglückten Abstimmungsprozesses" an einen Tisch zu holen, die Sichtweisen der Kollegen

© Springer Fachmedien Wiesbaden 2017
S. Wegner-Kirchhoff, *Konfliktcoaching in Organisationen*, essentials,
DOI 10.1007/978-3-658-14507-1_1

der „Gegenseite" zu verstehen und die Kooperation auf eine neue Basis zu stellen. In den folgenden Kapiteln wird anschaulich und anhand von Beispielen aus meiner langjährigen Beratungspraxis dargestellt, wie dieses Ziel im Rahmen unterschiedlich komplexer Prozesse der Konfliktbearbeitung erreicht werden kann.

Begriffsbestimmung von Konfliktcoaching

2

Die Anbahnung eines Beratungsauftrags, in dem es darum geht Konflikte zwischen Einzelpersonen, innerhalb von Teams oder zwischen „Schnittstellen" in einer Organisation zu bearbeiten, erfolgt häufig nicht auf direktem Weg, sondern als Folge von – meist langjährigen – Beratungssettings wie Coachings, Teamentwicklungen oder der Begleitung von Veränderungsprozessen. Konflikte sind unangenehm, da wir mit den Abgründen unserer Seele konfrontiert werden. Großes Vertrauen in die Fähigkeiten, die Zuverlässigkeit und Diskretion des Beraters oder Konfliktcoach sind unumgängliche Voraussetzung für eine konstruktive Zusammenarbeit. Diese gründet sich auf **drei Säulen:**

Die mediatorische Haltung
Die mediatorische Haltung ist geprägt von Empathie, Aufmerksamkeit und Respekt. Es geht darum, die tieferen Anliegen der Beteiligten zu erforschen und sie zu befähigen, einander zu verstehen und aufeinander zuzugehen. Dabei wird berücksichtigt, dass es keinen direkten Weg vom Konflikt zum Konsens gibt: Zuerst gilt es, eine gemeinsame Verständnisbasis der „Koexistenz" (Ripke 2011, S. 18), sozusagen als „Zwischenschritt" gemeinsam mit den Konfliktparteien zu erarbeiten. Im Sinne von „Empowerment" (Kessen und Troja 2009, S. 303), bei dem es um die Stärkung der eigenen Person geht: „Ich werde mir meiner – manchmal starren – eigenen Position bewusst" und „Recognition" (S. 303), d. h. Anerkennung der Position des Konfliktpartners: „Ich schaue mir an, was dem anderen wirklich wichtig ist", werden alle am Konflikt Beteiligten darin unterstützt, ihren Interessen und Bedürfnissen Ausdruck zu verleihen.

© Springer Fachmedien Wiesbaden 2017
S. Wegner-Kirchhoff, *Konfliktcoaching in Organisationen,* essentials,
DOI 10.1007/978-3-658-14507-1_2

Die Philosophie des Action Learning

Action Learning verbindet nach Hauser „Problemlösung mit Lernen, um Veränderungen bei Individuen, Teams, Organisationen und Systemen zu bewirken" (2012, S. 22).

In unseren zunehmend beschleunigten und unsicheren Umwelten gibt es keine eindeutigen Lösungen für komplexe oder „boshafte" (Hauser 2012, S. 26) Probleme und Konflikte, sondern Mitarbeiter und Führungskräfte sind gefordert, miteinander – im Sinne von geteilter Verantwortung – kritische Reflexion und nachhaltiges Handeln zu verbinden. Das stellt für die Konfliktparteien eine große Herausforderung dar, da es darum geht, sich selbst und sein eigenes Konfliktverhalten – sozusagen aus der Vogelperspektive – zu betrachten und im Prozess laufend zu hinterfragen. Dies beginnt schon am Anfang eines Konfliktcoachings mit der Frage, wer überhaupt an dem Geschehen beteiligt ist und in die Bearbeitung einbezogen werden sollte. Ganz besonders bedeutsam erscheint mir folgende Überzeugung: „Wer Verantwortung übernimmt, hat die Chance, durch sein Handeln etwas zu bewirken" (Hauser 2012, S. 24). Als Konsequenz bedeutet dies, dass ich mich in einer festgefahrenen Situation von meiner Blockadehaltung löse und bereit bin, zu erforschen und zu verstehen, was der anderen Seite wichtig ist.

Die systemische Perspektive

Das Verhalten der am Konfliktgeschehen Beteiligten wird eher zirkulär als linear betrachtet. Das bedeutet, dass Ursache und Wirkung ineinandergreifen und sich sogenannte „Regelkreise" (Weiss 1988, S. 35) entwickeln. Ein „komplementär destruktiver" (Duss-von Werdt 2009, S. 245) – sogar Teufelskreis – kann entstehen, wenn ein Teilnehmer in einem Konfliktworkshop zielführende Ideen entwickelt, die aber von der anderen Seite sofort entwertet werden: „Das hat hier noch nie funktioniert!" Der Konfliktcoach oder Moderator benennt oder visualisiert diese Verhaltensmuster und erklärt, wie die Aussage des einen mit der Reaktion des anderen zusammenhängt. Dieses Verständnis von „Intersubjektivität" (Müller und Hoffman 2002, S. 53) bildet die Basis, um eine „konsensuelle Wirklichkeit" (Duss-von Werdt 2009, S. 248) herstellen zu können. Der Moderator unterstützt diesen Prozess in der Rolle des Vermittlers, in dem er mit den Beteiligten einen gemeinsamen Raum schafft, in dem sie offen und transparent miteinander kommunizieren. Ausgehend von dem „sowohl als auch" der unterschiedlichen Wirklichkeiten können so neue Perspektiven und Möglichkeiten des Umgangs miteinander erarbeitet werden.

Wie kommt es zum Auftrag? 3

In der Regel erfolgt der Auftrag an den Berater nicht explizit mit dem Ziel, eine Konfliktlösung zwischen zwei oder mehr Parteien herbeizuführen. Der Kunde spricht eher von „einer schwierigen Situation im Team" oder „Wir sollten unbedingt einen lessons-learned-Prozess starten" oder „Wir treten im Führungsteam nicht geschlossen als Einheit auf und das merken unsere Mitarbeiter". Hier gilt es im Vorfeld zu klären, welche Schwerpunkte der Kunde setzen möchte. Zur Fokussierung hilft die Frage: „Woran merken Sie nach der Maßnahme, dass sie Ihr Ziel erreicht haben bzw. dass diese erfolgreich war?"

Folgende Konstellationen sind meiner Erfahrung nach im Vorfeld eines Beratungsauftrags zur Konfliktbearbeitung typisch:

- Es besteht schon länger eine Vertrauensbeziehung mit einer Führungskraft durch gemeinsame Beratungsprozesse wie zum Beispiel ein Führungsdialog, ein Transition-Workshop (eine neue Führungskraft startet mit neuer Mannschaft), Führungssupervision oder Einzelcoaching. Auch erfahrene, insbesondere technikorientierte Führungskräfte, scheuen sich oft, das Wort „Konflikt" überhaupt in den Mund zu nehmen und brauchen daher den sicheren Boden einer gewachsenen Beziehung, um eine festgefahrene, emotional aufgeladene Situation proaktiv zu verändern.
- Der Kunde reagiert auf eine Eskalation, bzw. auf „Druck von außen" in seinem Verantwortungsbereich und merkt nun, dass „etwas passieren muss".
- Der Coach führt auf Initiative seines Auftraggebers mit den Kollegen der „Gegenseite" Sondierungsgespräche, um auch diese Partei davon zu überzeugen, dass es sinnvoll und im Interesse des Unternehmens ist, die Kooperation auf eine neue Basis zu stellen

© Springer Fachmedien Wiesbaden 2017
S. Wegner-Kirchhoff, *Konfliktcoaching in Organisationen*, essentials,
DOI 10.1007/978-3-658-14507-1_3

- Je nach Brisanz (zum Beispiel drohender Auftragsverlust) des Konfliktgeschehens und der Eskalationsstufen (Schmidt 2013, S. 137) wird kurzfristig ein Termin für einen sogenannten „Schnittstellen-Workshop" vereinbart.
- Gerade im Rahmen größerer Veränderungsprozesse, seien es Fusionen, strategische Neuausrichtungen oder Umstrukturierungsmaßnahmen, treten durch neue Schnittstellen oder „neu gegründete" Abteilungen Reibungsverluste infolge unklarer Aufgabenabgrenzungen oder Überschneidungen in den Zuständigkeiten auf. Häufig scheuen sich die beteiligten Führungskräfte und Mitarbeiter, die Probleme anzusprechen und in einem gemeinsamen Workshop zu bearbeiten. Oft folgt die erste Problembewältigungsstrategie einem Qualifizierungskonzept zur Erhöhung der individuellen Führungs- und Handlungskompetenz. Dann werden vielfältige Seminare angeboten zu Themen wie: „Konfliktmanagement". „Führung" oder „Kommunikation" etc. Erst wenn der Leidensdruck groß genug ist und „interne" Störfälle so massiv wurden, dass auch der Kunde oder die Hierarchie auf die Auswirkungen reagiert, wird von den betroffenen Führungskräften die Initiative ergriffen, die Schnittstellenprobleme **aktiv** in Angriff zu nehmen, d. h. sich auf eine systemische Konfliktberatung mit allen Beteiligten einzulassen.

In dieser sehr sensiblen Phase der ersten Kontaktaufnahme und der Klärung des Auftrags stellt es für den Konfliktcoach eine große Herausforderung dar, auch die Seite für sich und das gemeinsame Vorgehen zu gewinnen, die mit ihm noch keine professionelle Beratungserfahrung gemacht hat. Hier gilt es, feine Antennen dafür zu entwickeln, welche unausgesprochenen Aufträge möglicherweise an den Coach herangetragen werden (z. B. „Sorgen sie mal dafür, dass die in der anderen Abteilung bessere Leute kriegen!"). In diesem „Tretminenfeld" (Kempf 2009, S. 868) aus widersprüchlichen Erwartungen stellt der Berater eine Balance aus Distanz und Neutralität und gleichzeitiger Empathie und Akzeptanz her.

4.1 Konflikte in der Matrixorganisation zwischen Projekt und Linie

Spannungsfelder und Konfliktpotenziale

Eine Matrixorganisation stellt in der Regel hohe Anforderungen sowohl an die Führungskräfte als auch an die Mitarbeiter, die häufig an einen Vorgesetzten in der Linie und an einen Projektleiter berichten. Bedeutende Problemfelder, die Konfliktpotenziale in sich bergen, sind nach Sy und D'Annunzio (2005, S. 39): nicht abgestimmte Ziele, unklare Rollen und Verantwortlichkeiten und „Silodenken" der Mitarbeiter. Im folgenden Beispiel aus dem industriellen Bereich der Qualitätsmanagements finden sich genau diese Themen wieder:

Zuverlässigkeitsingenieure als Linienverantwortliche, die mit hoher Priorität das Ziel verfolgen, dass die Produkte, die sie prüfen, hohen Standards entsprechen und einwandfrei funktionieren. Auf der anderen Seite die produktverantwortlichen Projektleiter, die engen Kontakt zum Kunden und dessen Bedürfnisse (z. B. niedrige Fertigungskosten und schnelle Bearbeitung) im Blick haben. So kann es passieren, dass ein Zuverlässigkeitsingenieur ein Produkt nur freigeben kann, wenn ganz bestimmte Tests erfolgreich verlaufen sind. Der Projektleiter, der einen bestimmten Kosten- und Zeitrahmen einhalten muss, spürt den Druck vom Kunden und lehnt die Tests ab. Im Rahmen der Konfliktbearbeitung geht es um einen wechselseitigen Lernprozess, der es erforderlich macht, die Perspektive des jeweils anderen Kollegen einzunehmen.

© Springer Fachmedien Wiesbaden 2017
S. Wegner-Kirchhoff, *Konfliktcoaching in Organisationen,* essentials,
DOI 10.1007/978-3-658-14507-1_4

Bearbeitung der Konfliktthemen im Workshop

In eher technikorientierten oder sogenannten „Expertenorganisationen" empfinden es viele Führungskräfte und Mitarbeiter als sehr ungewohnt, sich mit Konflikten und Spannungen auseinanderzusetzen. Daher kann es sinnvoll sein, am Anfang des Prozesses das Wort „Konflikt" zu meiden und zunächst folgende Fragen zu stellen:

Schritt 1: Erste emotionale Sondierung

- Was gelingt uns gut? Womit sind wir zufrieden?
- Was empfinden wir als ärgerlich?
- Was ist unklar oder irritiert uns?

Folgende Ärgernisse kommen ans Tageslicht:

- Kundenkommunikation erfolgt unabgestimmt durch einen Projektleiter und seinen Kollegen in der Linie
- Eskalationsthemen aus der Linie werden nicht zum Produktverantwortlichen gebracht
- Mitarbeiter stecken eigene „claims" ab und grenzen sich ab
- Unklare Rollen: Sind die Zuverlässigkeitsingenieure die „Dienstleister" der Projektleiter oder begegnen sie sich als Partner auf Augenhöhe?

Schritt 2: Perspektivenwechsel: Verständnis für die Rolle des anderen
Jetzt übernehmen jeweils die Zuverlässigkeitsingenieure (ZuVI) und die Projektleiter (PrL) die Rolle des anderen:

Die PrL formulieren für die ZuVI:

1. Rollenverständnis, Rechte, Pflichten und eventuelle Überlappungen mit PrL;
2. nach welchen Regeln werden Projekte zugeschnitten? Wer übernimmt welche Rolle?

Die ZuV erhalten die umgekehrte Aufgabe.

Die Teilnehmer erlebten diesen Schritt als besonders erhellend, da die Sichtweise der Kollegen „auf der anderen Seite" offenlegt, welches (Miss-)verständnis einer Verhaltensweise zugrunde liegt.

Schritt 3: Tiefer gehende Konfliktpotenziale benennen

Hier kommen durch bestimmte Fragen, die in Kleingruppen erarbeitet werden, auch Konflikte zwischen einzelnen Personen ans Tageslicht. Als sehr effektiv erweist sich im Workshop eine Aufgabe zur Reflexion, die alle Teammitglieder (*insgesamt ca.* 8) miteinbezieht

1. Die beiden betroffenen Kollegen erarbeiten am Flipchart:
   a)   Was ist mir wichtig?
   b)   Was, glaube ich, ist dem anderen wichtig?

2. Die anderen Kollegen, die indirekt natürlich auch von den langandauernden Zwistigkeiten zwischen den Kollegen betroffen sind, überlegen gemeinsam, wie ihre Sicht auf die Bedürfnisse der beiden Kollegen ist:
   Was meinen wir, ist für Kollege A wichtig?
   Was meinen wir, ist für Kollege B wichtig?
   Dadurch ergeben sich für alle Beteiligten neue Erkenntnisse und Lernerfahrungen
   - Verständnis für die Bedürfnisse und Reaktionen der Kollegen in der anderen Rolle
   - Indirektes Feedback: Wie sehen mich die Kollegen?
   - Erleben der Auswirkungen des „persönlichen" Konflikts zwischen zwei Kollegen, der sich aber letztendlich nicht isoliert betrachten lässt.
   - Mehr persönliches Engagement der Kollegen, die zunächst meinten, bei ihnen sei „alles in Ordnung", Konflikte gäbe es nur bei den anderen

Schritt 4: Gegenseitige Erwartungen austauschen

In diesem intensiven Austauschprozess erfahren die Teilnehmer gegenseitig von ihren Kollegen und von ihrem Vorgesetzten, welche konkreten Erwartungen an sie gestellt werden.

Jeder Teilnehmer sucht sich drei bis vier Kollegen, die für ihn im operativen Alltag bedeutsam sind und formuliert auf je einer Karte eine „Erwartung" mit Adressat und Absender.

Bei einer Teilnehmerzahl, die nicht größer als 12 sein sollte, erhält jeder seinen „Postkasten" an der Metaplanwand, in den die Erwartungskarten angeheftet werden.

Wichtig ist der Hinweis, dass es hier nicht um allgemeine Platitüden wie „Weiter so!" oder „mehr Kommunikation" geht, sondern um möglichst anschauliche Beschreibungen wie zum Beispiel:

- Dissonanzen im Team frühzeitig ansprechen
- Projektarbeit: konstruktive und partnerschaftliche Zusammenarbeit auf Basis der definierten Vereinbarungen betreiben und promoten
- Gerüchteküche vermeiden durch „privacy" beim Austausch
- zukünftig keine unabgestimmte Kommunikation zum Kunden
- Feedback erhalten, wie ich die neue Rolle als Produktmanager umsetze

Um zu verhindern, dass ein Teilnehmer „leer" ausgeht, kann man ausnahmsweise den Vorgesetzten bitten, an jeden Mitarbeiter eine Erwartungskarte zu adressieren. Die Auswertung kann in unterschiedlichen Varianten erfolgen:

- Jeder sucht sich einen Kollegen als Gesprächspartner, mit dem er mindestens eine Erwartungskarte klärt, d. h. nachfragt und ggfs. verhandelt
- Die Berater fragen, ob jemand von einer Erwartung überrascht wurde und im Plenum nach den Gründen dafür
- Alternativ: Die Karten werden nicht an einer Metaplanwand öffentlich gemacht, sondern jeder Teilnehmer erhält seine Karten direkt am Platz und entscheidet dann, mit welchem Kollegen er sich austauschen möchte

Sinnvoll ist an dieser Stelle ein kurzer Input zur unterschiedlichen Wahrscheinlichkeit, mit der sich **„Wünsche", „Erwartungen" oder „Forderungen"** erfüllen. Wünsche sind eher unverbindlich und führen bei demjenigen, der sie äußert, nicht zu spürbaren Handlungskonsequenzen. Ganz anders bei einer Forderung: „Ich erwarte, dass sie sich an diese vereinbarten Regeln halten!" Bei Nichterfüllung folgt eine Sanktion. Am häufigsten handelt es sich in der alltäglichen Interaktion um den Bereich der „verhandelbaren" Anforderungen, d. h. ich habe eine Erwartung, von der ich jedoch auch wieder abrücken kann, wenn mir eine entsprechende Kompensation geboten wird. Zudem kann ich nur dann damit rechnen, dass mein Partner oder Kollege meiner Erwartung gerecht wird, wenn ich entsprechend etwas zu bieten habe. Die Formulierung sollte sich deutlich vom Wunsch („Es wäre schön, wenn Sie …") abgrenzen: „Ich erwarte von Ihnen, dass Sie den Projektbericht vollständig überarbeitet an die Nachbarabteilung weitergeben, und zwar bis Mitte nächster Woche!" In diesem Beispiel kann der Mitarbeiter oder Kollege prüfen, ob es noch einen zeitlichen Spielraum zu verhandeln gibt.

Auswirkungen der Interventionen und Reflexion

In vielen Fällen ist es nicht praktikabel, die Beteiligten am Konfliktgeschehen an einen Tisch zu holen. Dennoch ist es möglich, den **Perspektivenwechsel auch ohne die Kollegen an der Schnittstelle** vorzunehmen: In einem Fallbeispiel im industriellen Bereich kam es mit einem „internen Kunden" immer wieder zu Eskalationen und zur Bildung sogenannter „task forces". Die betroffenen Spezialisten, die mit bestimmten Prüfmethoden die Anforderungen an ein Produkt sicherstellen sollten, sahen sich in die Enge getrieben und hatten bisher kein gemeinsames Bild darüber entwickelt, wie der Kunde sie selbst und ihre Leistung wahrnahm. Mit dem Ziel, zukünftige Eskalationen zu vermeiden, arbeiteten die betroffenen Mitarbeiter in zwei Gruppen an folgender Fragestellung:

Gruppe 1: Wahrnehmung des Istzustands

- Wie werden wir vom Kunden wahrgenommen?
- Wie schätzt er unsere Kompetenz ein?
- Wie beurteilt er unsere Leistung in Bezug auf Termintreue, Kosten, Qualität und Einhalten von Zusagen?
- Welches Vertrauen wird uns entgegengebracht?
- Wie beurteilt er unsere Zusammenarbeit untereinander?

Gruppe 2: Wahrnehmung des Wunsch-Zustands

- Was wünscht sich der Kunde? Was wäre auf der Verhaltensebene „Benchmark"?
- Welche Kompetenz sollen wir haben?
- Welche Leistung erwartet er idealerweise?
- Wie wünscht er sich unsere Zusammenarbeit?

Dieser Prozess bewirkte eine Veränderung auf zwei Ebenen:

Zum einen führte die gemeinsame Reflexion und der Austausch über „Bilder vom Kunden" zu mehr Geschlossenheit und „Kampfgeist" im Team („Zwischen uns passt kein Blatt"; „Der Kunde kann uns nicht mehr so leicht spalten"). Zum anderen konnte auf der Basis der gewonnenen Erkenntnisse ein konkreter Maßnahmenplan erarbeitet werden, um die Kooperation mit dem Kunden konstruktiv zu verbessern, Veränderungsvorschläge zu präsentieren und darüber in Verhandlungen einzutreten.

4.2　Konflikte zwischen Projektleitern aus zwei unterschiedlichen Organisationen

Hintergrund, Prozess und Widerstände

Das folgende Fallbeispiel beschreibt einen Konflikt zwischen zwei Entwicklungsteams, die für die gemeinsame Entwicklung eines zukunftsträchtigen Produkts ihr beiderseitiges Know-how benötigen. Die extremen Spannungen zwischen den Teams sind nur aus der Historie heraus zu verstehen: In der Akquisephase unterschätzte ein Partner die Komplexität und den Anspruch des Projekts und machte Zusagen, die nicht eingehalten werden konnten. In der Folge kam es immer wieder zu „Pannen", die nach einem bestimmte Muster abliefen:

Beispiel

Partner A kann ein sogenanntes Lastenheft nicht erfüllen und informiert die andere Seite B. In der Vergangenheit passierte es allerdings öfter, dass man auf die daraufhin sehr detaillierten und teilweise bohrenden Fragen von Entwicklungspartner B nicht hinreichend vorbereitet war. Um dies zu vermeiden, lässt sich A nun genügend Zeit. Das führt wiederum beim Partner B zu großer Empörung darüber, dass man erst so spät über die „Nichterfüllung" informiert wird. Das Thema eskaliert „nach oben" und nicht selten versucht die nächste Hierarchieebene die Wogen im Sinne eines „Firefighting" zu glätten. Dennoch kommt es auf der Ebene der Projektleiter immer wieder zu Störungen in der Kommunikation und Zusammenarbeit, bis hin zu gegenseitigen Beschimpfungen („Wir haben Feuer am Dach!" oder „Die übertreiben mal wieder").

Da beide Seiten von ihrem Geschäftsmodell überzeugt waren und beide das Interesse verband, ein erfolgreiches Produkt zu entwickeln, fasste man auf Managementebene den Entschluss, im Rahmen eines Konfliktcoachings die jeweiligen Verhaltensmuster zu reflektieren und die zukünftige Kooperation auf eine gute und tragfähige Basis zu stellen.

Das **Ziel der Maßnahme** wurde wie folgt formuliert:

- Besseres Verständnis für Druck und Belastungssituationen der Entwicklungspartner auf der anderen Seite und Perspektivenwechsel
- Gemeinsamer Annäherungsprozess an relevante Themen

- Sichtbarwerden von gegenseitigen Zuschreibungen („A macht viel im Hintergrund und spricht nicht", „B springt über alle Hierarchien hinweg")
- Klären gegenseitiger Erwartungen
- Vereinbarung nächster Schritte (zum Beispiel: „Wie beziehen wir die Ebene der betroffenen Projektleiter in den Prozess des Konfliktcoachings ein?")

Herausforderungen der Bearbeitung langschwelender Konflikte

Für die Berater stellt es eine besondere Herausforderung dar, in ein Konfliktgeschehen hineinzuwirken, das schon eine längere Historie aufweist und in dem sich die Beteiligten mit Empörung und gegenseitigen Schuldvorwürfen selbst an einer konstruktiven Lösungsfindung hindern. Montada und Kals (2007, S. 159) beschreiben unterschiedliche „Abstufungen der Verantwortlichkeitszuschreibungen" und gehen davon aus, dass jemand, der sich heftig empört, meist sicher ist, dass die davon betroffenen Personen oder Partner voll verantwortlich sind, ohne dies aber genau geprüft zu haben. Im Konfliktcoaching haben die Beteiligen die Möglichkeit, die ihnen zugeschriebene Verantwortlichkeit zu relativieren. Empirisch konnte man nachweisen, dass man die Intensität der Empörung reduzieren kann, wenn man festgefahrene Meinungen und Urteile durch Hypothesen, Vermutungen und eine fragende Haltung ersetzt (Bernhardt 2000). Weiterhin kann es sich positiv auf den gewünschten Annäherungsprozess auswirken, wenn die Konfliktparteien die Situationen, in denen sie sich gegenseitig verletzt haben, schildern und durcharbeiten. Dabei werden Fähigkeiten wie Empathie, intensives Zuhören und Verständnis für die Bedeutung eigener und fremder Emotionalität gefordert: „Our emotions help us understand when we are in conflict, they serve as a metric of how important the conflict is to us, and they provide a way of understanding what needs to change in order for us to feel better about the situation" (Jones und Brinkert 2008, S. 38).

Vor dem Hintergrund dieser Grundannahmen setzt sich der **Prozess des Konfliktcoaching** aus folgenden Schritten zusammen:

> **Prozess des Konfliktcoaching**
>
> - Interviews mit den beteiligten Personen (meist am Telefon, ca. 30 min)
> - Durchführung eines ein- bis zweitägigen Workshops
> - Rückmelden der Ergebnisse an den Auftraggeber
> - Evaluierung

Interviews mit den beteiligten Personen

Als Orientierung kann folgender **Fragenkatalog für die Interviews** dienen:

- Wie kam es zu der Idee bzw. dem Anliegen einen gemeinsamen Workshop durchzuführen?
- Wie erleben Sie die Kooperation in Ihrem Führungskreis bzw. in der Projektleitung?
- Mit welchem Gefühl gehen Sie in den Workshop?
- Was soll am Ende der Maßnahme erreicht sein, dass Sie sagen: „Das Konfliktcoaching hat sich gelohnt?"
- Was ist das Minimalziel? Was wäre wünschenswert? Was darf auf keinen Fall passieren?
- Warum soll das Konfliktcoaching gerade jetzt stattfinden?

Als Essenz aus den **anonymisierten Interviews** wurden gegenseitige Zuschreibungen der Konfliktpartner herausgefiltert:

Partner A wird wahrgenommen als:

- Macht viel im Hintergrund und spricht nicht darüber
- Hat in der Vergangenheit Zusagen gemacht, die nicht ansatzweise eingehalten wurden (Fehlentscheidungen wurden von A eingestanden)
- Das Selbstbewusstsein der Mitarbeiter von Seite A schwappt über
- Partner A gibt nicht das Letzte, hängt sich nicht rein
- Partner A bewegt sich nur unter massivem Druck
- Die Mitarbeiter von A zeichnet ein starkes Wir-Gefühl aus
- Die Projektleiter von A lassen sich viel Zeit bevor sie handeln

Partner B wird wahrgenommen als:

- Pragmatisch und hemdsärmelig
- Lösungsorientiert: wie schaffen wir es trotzdem?
- Hat kürzere Entscheidungswege als Partner A
- B „macht keine Fehler", d. h. leugnet oder vertuscht sie
- Partner B springt über alle Hierarchien hinweg und eskaliert an entsprechender Stelle
- Projektleiter von B greifen direkt auf Sachbearbeiter von A zu
- B reagiert sehr schnell, wenn ein Problem auftritt

Workshoparbeit – Phase der Annäherung und des Perspektivenwechsels
Mit diesen Zuschreibungen werden die Vertreter der beiden Organisationen im Workshop konfrontiert: Der Konfliktcoach hat die Aussagen auf ein Flipchart übertragen und liest jeden einzelnen Satz vor. Dieses Vorgehen erscheint zunächst etwas drastisch, erhöht aber die Wahrscheinlichkeit, dass die Beteiligten aus der „Konflikttrance" (Ballreich und Glasl 2011, S. 325) aufwachen und ihr eigenes Verhalten bzw. ihre unerschütterlichen Vorurteile kritisch betrachten. Anschließend bitten wir zuerst die Teilnehmer von Partner A, sich in einer Art „Fishbowl" in der Mitte zusammen zu setzen und über folgende Fragen zu diskutieren bzw. sich auszutauschen:

- Mit welchen Gefühlen reagiere ich auf die Zuschreibungen für uns?
- Worunter leiden wir am meisten?
- Was glauben wir, worunter leiden die Kollegen von Partner B am meisten?

Die Kollegen von Partner B sitzen im Außenkreis, hören zu und machen sich Notizen. Darauf folgt der Rollentausch: Die Kollegen von Partner B sitzen in der Mitte im „Fishbowl" und die Vertreter von Partner A hören aufmerksam zu. Im nächsten Schritt kommen alle wieder im Plenum zusammen und sprechen über ihre Erfahrungen im bisherigen Verlauf des Workshops, geleitet von folgende Fragen:

- Welche relevanten Unterschiede sind augenfällig geworden?
- Welche Widersprüche werden sichtbar?
- Was wurde gar nicht angesprochen?

In der Reflexion dieser Fragen bewegen sich beide beteiligten Konfliktpartner auf das Ziel zu, sich gegenseitig besser zu verstehen und „Röhrenblick" und „kognitive Verzerrungen" zu überwinden (Ballreich und Glasl 2011, S. 254).

Phase der Reflexion eigener Verhaltens- bzw. Eskalationsmuster

Unterstützend wirkt dabei auch ein „open staff" der Konfliktcoaches, d. h. die Berater tauschen sich auf „offener Bühne" darüber aus, welchen Druck und welche Belastungen sie im System wahrnehmen und welche spezifischen Eskalationsmuster sie in der Zusammenarbeit vermuten. Zusätzlich werden die Eindrücke und Hypothesen am Flipchart visualisiert:

- Beide Seiten entwickelten ein gutes Verständnis darüber „was dem anderen weh tut"
- Partner A kämpft mit dem „Mut des Verzweifelten" und steht extrem unter Druck, der von Partner B ausgeht
- Provokationen erfolgen bei A direkt, bei B subtiler (der Unterton macht es aus)
- Es gibt „Helden nach innen", die gleichzeitig „Versager nach außen" sind
- Es gibt auch Positivbeispiele in der Zusammenarbeit: ohne großen Zeitverlust signalisierte Partner A, dass er das Problem erkannt und verstanden hatte; Projektteams handeln ihre Querelen teilweise selbst aus
- Führungsthema: Wie klar äußern wir als Vorgesetzte unsere Erwartungen an die Mitarbeiter?

Phase der Lösungsfindung und Vereinbarung

In zwei (noch) getrennten Gruppen erarbeiten die Teilnehmer: „Was ist die Wertschöpfung der letzten Stunden?" Die Teilnehmer betrachten hier auf einer Metaebene den bisherigen Prozess und übernehmen Verantwortung (Schreyögg 2002, S. 109) für das Erreichen der Ziele des Workshops.

Folgende Fragen geben dabei eine Orientierung:

- Was wurde deutlich? Zum Beispiel neue Informationen?
- Gibt es Gemeinsamkeiten im Verständnis?
- Was sind relevante Unterschiede?
- Welche besonderen Belastungen und welcher Leidensdruck haben sich herauskristallisiert?
- Welche Bedeutung haben Ihre Erkenntnisse für Ihr Führungsverhalten?
- Welche notwendigen „Musterwechsel" im Handeln zeichnen sich ab:
  - Bei Ihnen selbst?
  - Bei Ihren Mitarbeitern?
  - Bei Ihren Projektleitern?

In der nun folgenden Einzelarbeit verdichten sich die vorherigen Reflexionen zu einem gemeinsamen Verständnis von dringenden Anliegen. In der individuellen Konzentration und Fokussierung sorgen die Berater bzw. der Konfliktcoach dafür, dass kein wichtiges Thema vergessen wird. Jeder Teilnehmer schreibt 3 Karten:

„Wie können wir erreichen, dass …"
Nach Sichtung und Clusterung der individuellen Karten – eine Aufgabe, die alle Beteiligten gemeinsam durchführen – ergeben sich eine Reihe von relevanten Themenkreisen:

KOOPERATIONSMODELL: „Wie können wir erreichen, dass es mit Abteilung X so gut klappt wie mit Abteilung Y"

ERWARTUNGEN: „Wie können wir erreichen, dass das Team von A die Erwartungen von B kennt und sich mit den gemeinsamen Zielen voll identifiziert?"

ZIELE: „Wie können wir erreichen, dass sich die Projektteams auf das gemeinsame Ziel fokussieren?"

KOMMUNIKATION: Wie können wir erreichen, dass die Kommunikation im Projekt nachhaltig verbessert wird? …, dass das Projektteam die Fehler der Vergangenheit abhakt und optimistisch nach vorn blickt?

Erst jetzt ist der Zeitpunkt gekommen, die Teilnehmer aus den beiden Organisationen A und B in einer gemeinsamen Aufgabe „zu mischen"

Mit Blick auf unsere Anliegen:
- Was ist relativ leicht und sofort lösbar?
- An welcher Stelle müssen andere Abteilungen oder Bereiche einbezogen werden?
- Wie beziehen wir unsere Mitarbeiter bzw. Projektleiter in den Prozess ein? Welche Informationen geben wir an die Mannschaft?
- Wenn Sie ca. 9–12 Monate weiter denken: Woran werden Sie erkennen, dass die Kooperation zwischen Organisation A und B sich verbessert hat?

Diese Arbeit wird bei kleinen Gruppen in gemischten Duos, bei größeren Teilnehmerzahlen in Gruppen zu viert (je zwei TN von Organisation A und Organisation

B) durchgeführt. Beflügelt von der positiven Energie der vergangenen Stunden im Workshop wird dieser letzte Schritt meist sehr zügig und konstruktiv vollendet.

Rückmelden der Ergebnisse an den Auftraggeber
Auf Wunsch werden den beteiligten Konfliktpartnern die Ergebnisse des Workshops in strukturierter Form zurückgemeldet.

Was wurde im Workshop erreicht?
- Offener Austausch über Befindlichkeiten im Management und auf Projektebene („Wir hatten permanent Task Force Modus")
- Zugeben eigener Unzulänglichkeiten (z. B. „Wir haben oft nicht zugehört!")
- Herausfiltern getrennter Wahrnehmungen
- Würdigung eines positiven Beispiels der Zusammenarbeit
- Reflexion über eingefahrene Kommunikations- bzw. Eskalationsmuster
- Ausgeprägte Bereitschaft auf beiden Seiten, sich in die Situation der Kollegen aus dem anderen Unternehmen hinein zu versetzen
- Reflexion der eigenen Führungsrolle: „Was leben wir vor?"
- Wichtige Erkenntnisse: a) Unterschiede in der Unternehmenskultur waren in diesem Ausmaß nicht bekannt bekannt (Speed, Reporting, Hierarchie) b) Wir brauchen einen **kontinuierlichen Reflexionsprozess** in den Teams: Was läuft gerade gut? Was ist irritierend/ärgerlich? Was wollen wir verändern?

Vereinbarungen zur Fortführung des eingeleiteten Prozesses

a) Was setzen wir sofort um?
- Face-to-Face-Meeting – Videokonferenz
- „Reset-Workshop" mit allen Beteiligten im Projekt: Motorinspektion und zukünftige Zusammenarbeit
- Übersicht zum Projektstatus: Wo stehen wir tatsächlich?

b) Potenzielle Ansätze zur Verbesserung der Kooperation
- Funktionierendes Kooperationsmodell als Benchmark nutzen
- Kommunikationsstrukturen analysieren und ggf. verändern
- In den Prozess einbeziehen (Einkauf, Logistik, Beschaffung)
- Keine „Best case"-Zusagen mehr, aber: „Real case"-Zusagen müssen eingehalten werden
- Erweiterte Projektstruktur inkl. Managementebenen festlegen und erste Schritte der Zusammenarbeit etablieren
- Follow-up-Workshop mit dem Management in neun bis zwölf Monaten

Follow-up und Feedback der Betroffenen

Evaluierung

Etwa drei Monate nach dem Konfliktcoaching wurde mit einem Projektleiter, der selbst nicht am Workshop teilgenommen hatte, telefoniert. Seine wichtigsten Ausführungen sind hier zusammengefasst:

Nach dem Workshop mit Vertretern aus dem Management beider Organisationen lassen sich folgende **positive Veränderungen** in der Zusammenarbeit zwischen den Projektleitern von Partner A und Partner B festhalten:

- Die Kommunikation zwischen den Projektleitern von A und B sei gestärkt, d. h. die Frequenz der Besprechungen über schwierige Themen ist gestiegen
- „Wir gewinnen langsam an Vertrauen": das heißt, wir treffen schlüssige Aussagen, auf das Bedürfnis von Partner B, kontinuierlich informiert zu sein, wird eingegangen
  - Die Projektleiter von A verstehen jetzt besser wie der Kunde B „tickt"; A passt sich als „Lieferant" dem Kunden B an
  - Eine Schlüsselposition im Management von B habe gewechselt und der neue Stelleninhaber sei konstruktiv und lösungsorientiert, löse sich eher von den Themen der Vergangenheit und sehe A eher als „Partner"
  - Ein Projektleiter hat aus den Ergebnissen des Workshops eine Anzahl von **Schwerpunktthemen** herausgefiltert, die im Kreis der Projektleiter diskutiert und reflektiert wurden.

Aufgrund dieser positiven Nachwirkungen sahen insbesondere die Kollegen von Partner B nicht die Notwendigkeit einen weiteren Workshop auf Ebene der Projektleiter durchzuführen.

Als Berater haben wir unserem Ansprechpartner für den weiteren Prozess folgende **Empfehlung** gegeben:

- Unsere Erfahrung als Berater mit komplexen Entwicklungsprozessen zeigt, dass sich neue Verhaltensmuster nicht sofort einstellen, sondern sich „alte" Eskalationsmuster (z. B. *Lastenheft wird nicht erfüllt – A macht ein Announcement – B will alles ganz genau im Detail wissen: Warum, wie lange schon … – A braucht fünf Tage bis zwei Wochen, um alle Fragen zu beantworten und zieht beim nächsten Mal die Konsequenz: Überlegt sich zunächst, welche Fragen kommen und informiert erst nach fünf Tagen den Kunden – B reagiert wütend: „Das ist viel zu spät!")*

wiederholen. Daher empfehlen wir Ihnen, regelmäßig in Ihren Austauschrunden auf Projektleiterebene eine **REFLEXIONSPHASE** einzuplanen und zu hinterfragen:

– Was läuft gut und kann so bleiben?

– Was war im vergangenen Monat ärgerlich oder irritierend?

– Was konkret nehmen wir uns als nächstes vor?

- In etwa neun bis zwölf Monaten empfehlen wir, dass Managementteam und Projektleiter zusammenkommen, um eine **nachhaltige, konstruktive Zusammenarbeit** zwischen Partner A und Partner B sicherzustellen. Die „boshaften" („wicked") Probleme in der Organisation, deren Lösung noch unbekannt ist und für die prinzipiell mehrere Lösungen möglich sind, lassen sich nur mit einem hohen Grad an Kooperation, d. h. im Sinne von **„shared leadership"** bearbeiten. Da jeder Beteiligte ja zunächst **nur seine Sicht** auf die Dinge erlebt, ist es notwendig, einen **Perspektivenwechsel** vorzunehmen, in Feedbackschleifen die Erfahrungen auszutauschen und neue Handlungskonsequenzen abzuleiten.

4.3   Funktionsübergreifende Konflikte an Schnittstellen innerhalb einer Organisation

Im Rahmen eines Veränderungsprozesses ergreifen Führungskräfte die Initiative und beauftragen einen Konfliktcoach, um mit den Kollegen einer Nachbarabteilung oder eines Bereichs, mit dem sie eine funktionale „Schnittstelle" haben, einen Klärungsprozess herbeizuführen. In der Regel ist die Motivation des Initiators wesentlich höher als die der Kollegen, die zur offenen Auseinandersetzung im Workshop dazu gebeten werden. Es erfordert also schon im Vorgespräch viel Fingerspitzengefühl und diplomatisches Geschick, um die „hinzugebetenen" Kollegen zu überzeugen, dass im Sinne der Zielerreichung in dem geplanten Prozess des Benennens von Unterschieden, des Bearbeitens möglicher Konflikte und der Veränderung destruktiver Verhaltensmuster das Gesamtsystem nur gewinnen kann (Wegner-Kirchhoff 2013).

Rolle und Verantwortlichkeiten von Teilnehmern und Konfliktcoach

Wirkungsvoll beraten heißt, in der Organisation und mit den Klienten Bedingungen schaffen, die Lernen und Veränderung ermöglichen. Das bedeutet Risiken von Veränderungsprozessen nicht zu leugnen, sondern ausdrücklich zu berücksichtigen und zu gestalten. Der Konfliktcoach versteht sich dabei als Prozessberater, der zusammen mit dem Auftraggeber und den beteiligten Mitarbeitern die Situation analysiert, den Prozess der Kommunikation gestaltet und Einfluss auf bestehende Balancen nimmt: „Prozessberatung konzentriert sich zu Beginn auf den Aufbau einer Beziehung, die es Klienten und Berater erlaubt, sich mit der Wirklichkeit auseinander zu setzen" (Schein 2010, S. 39). Das kann nur geschehen, wenn so genannte „heiße Themen" ausdrücklich angesprochen werden.

Führt die Arbeit zu intensiver Emotionalität, geht der Konfliktcoach behutsam mit den individuellen Grenzen der beteiligten Führungskräfte und Mitarbeiter um und strebt ein ausgewogenes Verhältnis von Risiko und emotionaler Sicherheit an. Der „Respekt vor dem Gewordensein" des Einzelnen ist dabei ebenso wichtig wie die klare Benennung von Anliegen, Rollen, Absichten, Spannungsfeldern und Verhaltensmustern.

Darstellung eines Fallbeispiels

Fallbeispiel: Abstimmungsprobleme im Bereich „Forschung und Entwicklung"

Vorbereitung

Im Folgenden wird ein Beratungsprozess beschrieben, der etwa zwei Jahre dauerte. In diesem Zeitraum fanden drei Workshops von einem Tag bzw. 1½ Tagen Dauer statt.

Anlass und Hintergrund:

Ein langjähriger Kunde fragte kurzfristig an, ob es möglich sei, einen Schnittstellen-Workshop zusammen mit dem Bereichsleiter eines Nachbarbereichs und dessen direkt berichtenden Führungskräften durchzuführen. Es sei kürzlich wieder zu einer Eskalation gekommen und es müsse dringend ein Klärungsprozess herbeigeführt werden. Man fürchte spürbare Reibungsverluste mit unmittelbaren Auswirkungen auf die Prozesse, die Mitarbeiter und die betriebswirtschaftlich messbaren Ergebnisse – respektive die eigene Karriere. In den vorbereitenden Interviews mit beiden Bereichsleitern (getrennt) wurden folgende Fragen gestellt:

- Was läuft bei Ihnen in der Schnittstelle besonders gut?
- Welche Unterschiede identifizieren Sie, wenn es gut bzw. schlecht läuft?
- Wie nehmen jeweils Ihre Mitarbeiter die Zusammenarbeit auf der Leitungsebene wahr?
- Woran werden Sie merken, dass der Schnittstellen-Workshop ein Erfolg war?

- Welches sind im Moment die größten Herausforderungen, die Sie in Ihrem Verantwortungsbereich zu meistern haben?
- Was würde passieren, wenn Sie die Situation einfach laufen lassen und nichts unternehmen?
- Welche Herausforderung müssen Sie gemeinsam bewältigen? Was sind gemeinsame Ziele?
- Wie sind Sie in der Vergangenheit mit Spannungen, „Sand im Getriebe", Missverständnissen etc. umgegangen?
- Welches Verhalten trägt eher zur Eskalation, welches eher zur Deeskalation bei?
- Wie sehen die wechselseitigen Abhängigkeiten der beiden Abteilungen/Bereiche aus?
- Welche Auswirkungen haben die Spannungen zwischen Ihren beiden Abteilungen/Bereichen auf den Gesamt-Unternehmenserfolg (bzw. den Erfolg der Unternehmenseinheit)? Wer nimmt diese Auswirkungen (zuerst) wahr?
- Warum haben Sie gerade jetzt einen gemeinsamen Workshop initiiert?

Nach diesem Reflexionsprozess wurden gemeinsame Ziele festgelegt:

- Konsensfindung über den derzeitigen Status der Zusammenarbeit (Einsicht in die Notwendigkeit)
- Aufdecken von Problemfeldern
- Erarbeiten potenzieller Ansätze zur Verbesserung
- Vereinbarungen für das weitere Vorgehen (Nachhaltigkeit sicherstellen)

Workshop-Arbeit Teil 1

Phase 1:
Da der Workshop sehr kurzfristig einberufen wurde, die zehn Teilnehmer direkt aus dem Tagesgeschäft in der Workshoprunde zusammen kamen und nach verspätetem Start weniger als ein Tag Zeit blieb, ging der Konfliktcoach mit der Anfangsfrage sofort in „medias res":

Was ist im Moment bei Ihnen los? Warum sind Sie heute zusammengekommen?

Zunächst ließen wir die Diskussion unstrukturiert laufen, leiteten dann aber nach etwa 20 min in Phase 2: „Gegenseitige Zuschreibungen klären" über.

Phase 2:
Hier war das Ziel, die Unterschiede zwischen den Bereichen zu verdeutlichen und Konfliktmuster sichtbar zu machen. Jede „Partei" (Chef und 4 Führungskräfte)

saß in der Mitte im „Fishbowl" und tauschte sich darüber aus, wie die Kollegen des Nachbarbereichs gesehen werden. Die Kollegen der anderen Partei verfolgten jeweils als Zuhörer die Diskussion.

Anschließend trennten sich die beiden Gruppen zur Bearbeitung folgender Fragen:

- Welche relevanten Unterschiede sind augenfällig geworden?
- Welche Widersprüche werden sichtbar? Auf der einen Seite wollen/sollen wir (Anspruch). Auf der anderen Seite erleben wir (konkretes Verhalten, gelebte Wirklichkeit).

Phase 3: Kreative Aggression: „Kissenschlacht"
Nach den beiden „Fishbowl-Diskussionen" und der Präsentation der Ergebnisse der Gruppenarbeit stellten die Berater am Flipchart ihre Sicht der Situation als Außenstehende dar (Abb. 4.1).

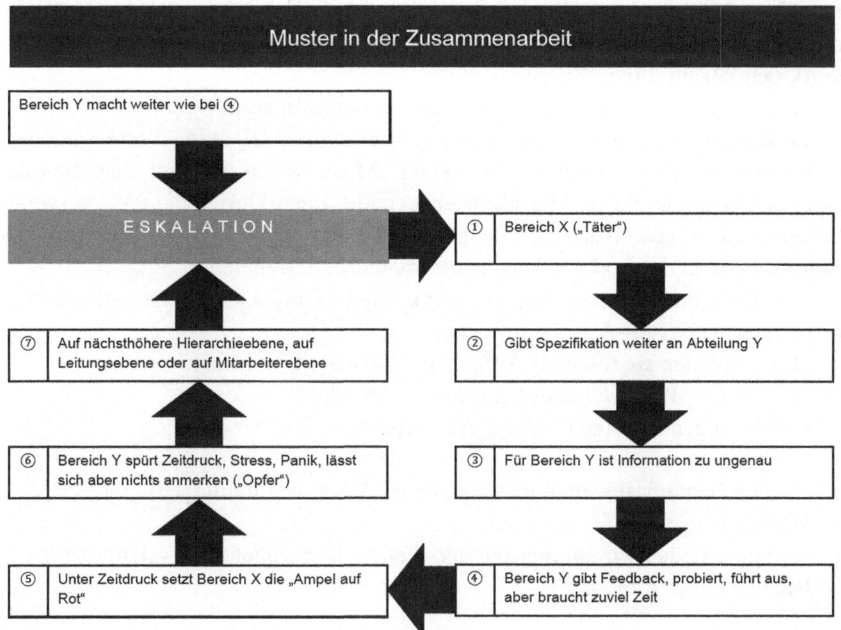

Abb. 4.1   Muster in der Zusammenarbeit

Dieses Regelkreismodell beschreibt anschaulich, wie die Teilnehmer den Eskalationsprozess erleben und wie die Mitarbeiter der beteiligten Abteilungen sich möglicherweise in Rollen (z. B. Opferrolle oder Sündenbock) hineinmanövrieren, unter denen sie gleichzeitig leiden.

Zusätzlich spiegelten wir zurück, welche gegenseitigen **Rollenzuschreibungen** bei uns nach den Diskussionen angekommen waren, z. B. Bereich X „ist ein aktiver Treiber", „klagt an", „forciert eine Eskalation" und Bereich Y „ist empfindlich", „reagiert eher passiv", „nimmt eher die Opferrolle ein", „fühlt sich ausgeliefert".

Die Teilnehmer reagierten mit großer Betroffenheit auf diese Wahrnehmungen, nicht wenige fanden sich im „Realitätsmodell" der Berater jedoch sehr gut wieder.

Phase 4: Fokussieren, Erarbeiten zentraler Anliegen, Unterschiede und Gemeinsamkeiten

Wir arbeiten als Beratersystem mit einer systemischen Betrachtung von Konfliktsituationen. Konflikte entstehen aus der Dynamik des relevanten Feldes; d. h. beteiligte Führungskräfte und Mitarbeiter, mit ihren jeweiligen Realitätskonstruktionen, mit den offenen oder verdeckten Regeln und Regelkreisen (oder Eskalationsmustern), den gegenseitigen Zuschreibungen, der Systemumwelt (z. B. Schnittstellen, gesamte Organisation, Markt, Kunden) und der bisherigen Entwicklung.

Im Prozess der Auseinandersetzung geht es darum, selbst regulierte Balancen, d. h. neue Verhaltensweisen im Sinne eines „Musterwechsels" zu finden, die tragfähig und zielführend für die nächsten gemeinsamen Horizonte sind. Die erarbeiteten „Lösungen" behalten solange ihre Tragfähigkeit, bis sie im Licht neuer Rahmenbedingungen oder Erkenntnisse revidierbar erscheinen.

Die Teilnehmer sollten nun in „gemischten" Gruppen eine Bewertung ihrer bisherigen Workshop-Arbeit erarbeiten.

Dazu erhielten sie folgende Aufgaben: Unter der Überschrift:

Was ist die „Wertschöpfung" der letzten Stunden?

sollten folgende Fragen beantwortet werden:

- Welche Gemeinsamkeiten im Verständnis (Übereinstimmungen) gibt es?
- Welche Unterschiede sehen wir?
- Worunter leiden wir am meisten und welche Konsequenzen (Ableitungen) ziehen wir konkret daraus?

Die dritte Frage leitete über in

Phase 5: Lösungsorientiertes Arbeiten
Folgende Fragen bearbeiten die Teilnehmer in Gruppen zu drei bis vier Teilnehmern, die beiden Chefs arbeiten in einem Zweierteam zusammen.

- Was ist relativ leicht und sofort lösbar?
- An welcher Stelle müssen andere Abteilungen/Bereiche mit einbezogen werden?
- Was wäre zwar ein großer Erfolg, wenn wir es schafften, ist aber für diesen Workshop wohl eine Überforderung?
- Wie sieht unser Commitment und unsere Ergebnissicherung aus?

Es wurden konkrete Handlungsschritte vereinbart, um in der Zusammenarbeit und Kommunikation der beiden Abteilungen eine tragfähige Veränderung herbeizuführen (Abb. 4.2).

Struktur des Beratungsprozesses bei der Schnittstellenarbeit			
Nachhaltige Prozesssteuerung	Vorbereitung	Auftragsklärung, Interviews mit den Chefs und 1-2 Mitarbeitern aus den beiden Abteilungen	
Reflexion des Workshops Beratersystem intern Reflektierender Dialog mit den Führungskräften (Chefs) der beteiligten Abteilungen über die Analyse der Berater	Phase 1	Beschreibung der Situation: Warum sind wir hier?	W O R K S H O P A R B E I T
	Phase 2	Unterschiede und gegenseitige Zuschreibungen sichtbar machen	
	Phase 3	Kreative Aggression; „Kissenschlacht"	
	Phase 4	Fokussieren; Erarbeiten zentraler Anliegen der Teilnehmer; Unterschiede und Gemeinsamkeiten	
	Phase 5	Lösungsorientiertes Arbeiten: Erarbeiten alternativer, zielführender Verhaltensmuster und Vereinbarung konkreter Schritte	

Abb. 4.2 Struktur des Beratungsprozesses bei der Schnittstellenarbeit

Reflexion und Steuerung des Gesamtprozesses: Spezielle Interventionen

Gern hätte der Konfliktcoach mit den beiden Bereichsleitern ein gemeinsames Nachgespräch geführt, was jedoch – wie immer es auch zu bewerten ist – aus terminlichen Gründen scheiterte.

Innerhalb von vier Wochen nach dem Workshop wurde stattdessen jeweils getrennt mit jedem der beiden Bereichsleiter ein etwa zweistündiges Gespräch zur Nachbetrachtung des Workshops geführt.

In Anbetracht der kurzen Workshopzeit war sowohl auf der emotionalen als auch auf der sachbezogenen Ebene sehr viel erreicht worden.

Besonders wichtig war hier die Empfehlung zur Fortführung des begonnenen Prozesses der beiden Führungsteams in etwa einem halben Jahr.

Workshop-Arbeit Teil 2

Vorbereitung

Vor dem Workshop Teil 2 wurden mit beiden Bereichschefs Ziele vereinbart. Hier erfuhren die Berater, dass sich bereichsübergreifend so genannte „Barrier-Removal-Teams" (BRT, zwei Tandems, je ein Vertreter aus Bereich X und Bereich Y) gebildet hatten.

In Zwischentönen hörten wir heraus, dass sich die beiden Bereiche noch nicht sicher waren, ob der jeweils andere Bereich wirklich an dem Modell einer „Partnerschaftsbeziehung" interessiert war oder noch dem Muster einer macht- und anweisungsorientierten „Kunden-Lieferanten-Beziehung" verhaftet war.

Folgende **Ziele** wurden für den Workshop vereinbart:

- Information an die Teilnehmer über die Arbeitsergebnisse der beiden „Barrier-Removal-Teams"
- Klärung kritischer Punkte in der Zusammenarbeit, die nach wie vor brisant sind
- Gegenseitiges Feedback über Veränderungen, die in den Monaten seit dem letzten Workshop beobachtbar geworden waren
- Treffen konkreter Vereinbarungen, die dem Ziel einer konstruktiven Zusammenarbeit dienten

Arbeit im Workshop

In der Gesprächsrunde am Vorabend tauschten sich die zehn Teilnehmer unter folgender Überschrift offen aus: „Wo stehen wir heute?":

- Was ist in den letzten sechs Monaten geschehen?
- Welche „Highlights" und welche „Flops" gab es?
- Was hat sich seit dem letzten Workshop verändert?

Sie sprachen vertrauensvoll auch eigene Vorbehalte und Unsicherheiten an und gaben eigene Unzulänglichkeiten zu. Das gegenseitige Verständnis der beiden Bereiche habe deutlich zugenommen, aber es gäbe nach wie vor brisante Konfliktthemen, die noch zu lösen seien.

Die Vertreter der BRT präsentierten den Kollegen und ihren Chefs die Ergebnisse ihrer Arbeit. In der Diskussion kristallisierten sich folgende wichtige Punkte heraus:

- Inspiriert durch die Ergebnisse der abteilungsübergreifenden Teams fühlten sich alle Beteiligten im Workshop verantwortlich, an den „kritischen Punkten" zu arbeiten. Die relativ starre Rollenverteilung (Bereich X deckt Fehler auf, Bereich Y fühlt sich „vorgeführt"), die im vorangegangenen Workshop sichtbar geworden war, hatte sich damit weitgehend aufgelöst.
- Es wurden die nach Abteilungen getrennten Wahrnehmungen herausgefiltert: An welchen Stellen gab es in den letzten sechs Monaten nach wie vor Reibungsverluste?
- Es gab eine ausgeprägte Bereitschaft, den Kollegen der Nachbarabteilung zuzuhören; und allmählich entwickelte sich eine Bewusstheit dafür, die praktizierte Vorwurfshaltung aufzugeben

Brisanzbewertung und Fokussierung

Wir gaben den Teilnehmern im Anschluss an die Präsentationen der BRTs und die Diskussion die Aufgabe, die kritischen Ereignisse der vergangenen Monate in ihrer Brisanz zu bewerten. Der konkrete Auftrag an die beiden Bereiche lautete: Betrachten Sie den Zeitraum der letzten sechs bis acht Monate:

- Welche kritischen Ereignisse gab es? Bitte bewerten Sie auf einer Skala von eins bis zehn deren Brisanz.
- Unsere Hypothesen: Was ist dafür Auslöser?
- Was muss geändert werden? Von wem? Wie?
- Woran würden wir erkennen, dass die Situation zufriedenstellend ist?

Die Diskussion über die Ergebnisse der beiden Gruppen (Bereich X und Bereich Y arbeiteten ohne ihre Chefs) zeigte, dass noch Unsicherheit darüber bestand, ob die beiden Chefs im Sinne des neuen „Partnerschaftsmodells" miteinander umgehen und handeln würden.

Wir schlugen den beiden Chefs daher einen **Verhaltens- und Werteabgleich** in denkbaren realistischen Situationen vor:

Die beiden Führungskräfte sitzen sich in der Mitte des Teilnehmerkreises gegenüber:

Chef(in) X beginnt und fragt Chef(in) Y, wie er/sie sich in einer bestimmten Situation verhalten würde und zwar zukunftsbezogen:

Chef X: Herr/Frau Y, wie würden Sie sich verhalten, wenn ein Kunde Sie nach Ihrer Meinung über uns (Abteilung X) fragt
Chef Y: Antwortet und beschreibt sehr spezifisch sein/ihr Verhalten
Chef X: Gibt eine Rückmeldung an Person Y, z. B.:

- Damit bin ich einverstanden, das freut mich.
- Damit bin ich nicht einverstanden, und zwar aus folgenden Gründen …
- Ich erwarte, dass Sie sich in dem Fall wie folgt verhalten:
  … (und zwar aus folgenden Gründen …)

Danach wurden die Rollen getauscht.

Person Y formulierte an Person X ihre erdachte (befürchtete) realistische Situation und bittet sie, ihre Verhaltensmodelle zu sagen. Jede Führungskraft wurde gebeten, in dieser Öffentlichkeit drei realistische Situationen zu benennen.

Durch die „Annäherung" der beiden Chefs wurde die konstruktive Arbeitsatmosphäre, die durch ein neues Gefühl des „Miteinander" getragen wurde, bis zum Ende des Workshops gehalten.

In dem reflektierenden Dialog mit den beiden Bereichsleitern legten die Berater Wert auf folgende Punkte:

- Regelmäßige Treffen zwischen den Bereichsleitern unter vier Augen, um sich gegenseitig Feedback zu geben und brisante Punkte anzusprechen oder sich gegenseitig zu stützen
- Die operative Umsetzung von Regeln, die die Barrier-Removal-Teams in einer Art Verhaltenskodex erarbeitet hatten: Das System muss sich ausrichten und einschwingen auf die Kultur der Zusammenarbeit nach dem Partnerschaftsmodell, d. h. es geht um den „roll-out" auf die nächste Führungsebene bzw. die Ebene der Mitarbeiter

- Wir empfahlen eine Kick-off-Veranstaltung in kurzem zeitlichen Abstand zum Workshop: Vor versammelter Mannschaft würden die Berater mit den beiden Chefs ein Interview darüber führen, welche Auswirkungen die neue Orientierung auf das tägliche Geschäft habe, wie sich dieser Veränderungsprozess entwickelt habe und welche Erwartungen von Seiten der Leitung an die Mitarbeiter gestellt würden.
- Relativ zeitnah (nach 2–3 Monaten) sollte dann mit demselben Teilnehmerkreis wie in den beiden Schnittstellen-Workshops, also dem oberen Führungskreis der beiden Bereiche, ein weiterer Workshop zur Vertiefung des neuen Kooperationsmodells stattfinden:
  „Wie wird es gelebt?"
  „Wie wappnen wir uns für die nächste Krise?"
  „Welche wichtigen Themen sind nach wie vor kritisch?"

Etwa vier Wochen nach dem Workshop erhielten die Berater von einem der Bereichsleiter die Nachricht, dass man die Kick-off-Veranstaltung mit den Mitarbeitern intern selbst durchführen würde – schließlich habe man gelernt!

Nach einem Zeitraum von mehreren Monaten nahm der Leiter des Bereichs X wieder Kontakt mit dem Konfliktcoach bzw. Berater auf, um den begonnenen Prozess weiterzuführen. Inzwischen hatte die Leitung des Bereichs Y gewechselt. Mit beiden Bereichsleitern wurde getrennt ein Vorbereitungsgespräch geführt, um die Anliegen an den nächsten Schnittstellen-Workshop zu klären.

Folgende Ziele wurden vereinbart:

- Analyse der Zusammenarbeit (An welcher Stelle verletzen wir einander?)
- Wie sind die Rollen in unserem Zusammenspiel verteilt? (z. B. Wie können wir als Bereich Y aus der „Opferrolle" herauskommen?)
- Wie kann man sicherstellen, dass der bedeutsame Veränderungsimpuls nicht versickert?

Es entstand nach den Gesprächen der Eindruck, dass „alte" Themen aus dem ersten Workshop, wie die starre Rollenverteilung als „Täter" und „Opfer" nach dem Führungswechsel in Bereich Y tendenziell wieder aufgelebt waren.

Im folgenden Workshop wurde deutlich, dass die Teilnehmer von der Lernerfahrung der letzten beiden Workshops profitierten und nun schneller in einen konstruktiven und kreativen Lösungsprozess übergingen. Die Fokussierung erfolgte durch die Frage der Berater an jeden einzelnen Teilnehmer:

Mein Thema für diesen Workshop: „Wie können wir erreichen, dass …"

Alle Themen werden für alle sichtbar gemacht und es folgt ein wichtiger Schritt in Richtung „lösungsorientiertes Arbeiten":

Jeder Teilnehmer nennt namentlich Kollegen, die mit ihm an dem jeweiligen Thema arbeiten werden. Zwei Teilnehmer als Vertreter der beiden Bereiche werden als so genannte **„Vertrauensleute"** benannt.

Ein Teilnehmer fängt schon in einer der Pausen mit seinen Kollegen am Flipchart an, eine komplexe Situation, die immer wieder zu Abstimmungsproblemen führt, zu analysieren und Ideen zu generieren: „Was können wir anders/besser tun?"

Zum Schluss bitten wir die Teilnehmer zu zweit in einem kurzen Dialog folgende Fragen zu beantworten:

Wenn sich unsere Kommunikationskultur im Sinne der geforderten Qualität „Offenheit/Vertrauen" verändert …

- was würde ich persönlich dann
  … mehr
  … weniger oder gar nicht mehr
  … anders machen?
- mit welchen Auswirkungen rechne ich …
  in Bezug auf unsere persönliche Beziehung
  in Bezug auf unsere Aufgabe?

In dem reflektierenden Dialog nach dem Workshop mit den beiden Bereichsleitern, der jeweils getrennt geführt wurde, legten wir bei den „Maßnahmen zur Fortführung des eingeleiteten Prozesses" besonderen Wert auf die Einbeziehung der Mitarbeiterebene in den Entwicklungsprozess der Zusammenarbeit:

- Welche Bedeutung haben die vereinbarten Themen und Projekte für das operative Geschäft der Mitarbeiter?
- Welche Prioritäten werden dort gesehen?
- Inwieweit finden sich die Befindlichkeiten der Teilnehmer der Schnittstellen-Workshops auch bei den Mitarbeitern wieder?

Zudem empfahlen die Konfliktcoaches die Bildung eines „**Reflexions-Tandems"** („Vertrauensleute") auch auf der Ebene der Gruppenleiter.

4.4 Konflikte innerhalb eines Teams

Entwickeln eines gemeinsamen Verständnisses brisanter Konfliktthemen

Da der Begriff „Konflikt" bei vielen Führungskräften und Mitarbeitern mit Ängsten verbunden ist und daher eher gemieden wird, empfiehlt es sich, am Anfang eines Prozesses von „Konfliktpotenzialen" zu sprechen.

Folgende Fragestellungen eignen sich, um an die „heißen" Themen heranzukommen:

- Beschreiben Sie konkrete Beispiele aus Ihrem Arbeitsalltag, die Sie belasten!
- Wählen sie die drei wichtigsten aus!

Die Ergebnisse werden differenziert nach Belastungsfaktoren, die eher extern auf das System einwirken („Dekrete von oben", Knappheit von Ressourcen, Marktdruck) und interne Faktoren, die sozusagen „selbst" – von innen heraus – erzeugt werden (z. B. ungenaue Spezifikationen, fehlende Rückmeldung über Verzögerungen, Zurückhalten von Informationen). Hinter Letzteren verbergen sich häufig unausgesprochene Konflikte, die vom Konfliktcoach benannt werden.

Konkrete Bearbeitung eines Konfliktthemas

Im folgenden Beispiel führt das Konfliktcoaching mit einem Team im ersten Schritt der Themenfindung dazu, dass ein „verunglückter Abstimmungsprozess" offen zutage tritt. Die dabei beteiligten drei Kollegen werden im Workshop vom Konfliktcoach aufgefordert, sich zusammen an einen Tisch zu setzen. In der Mitte des Tisches liegt ein großes weißes Blatt mit einer Skizze der drei Gesprächspartner. Diese werden gebeten, im folgenden Austausch von sich nur in der dritten Person zu sprechen, also nicht „ich war der Ansicht, dass …" sondern „dieser Kollege war der Ansicht dass …". Damit wird eine Rollendistanz geschaffen, die verhindert, dass die Beteiligten sofort wieder in alte Reaktionsmuster verfallen und zu sehr ihren eigenen Denkmustern verhaftet bleiben. Wie beim zirkulären Fragen wird der Sprecher gezwungen, eine Außenperspektive einzunehmen.

Wenn der Austauschprozess ins Stocken gerät, werden die Kollegen gebeten, sich jeder einen „Berater" aus dem Teilnehmerkreis zu wählen. Diese geben einen kurzen Input, ziehen sich dann wieder zurück. Das große Blatt in der Mitte des Tisches wird nun weggenommen, die drei Kollegen sprechen in der Ich-Form weiter.

Nach dieser Sequenz, in der der Fokus auf einem bestimmten Konfliktthema lag und nur wenige Beteiligte eine aktive Rolle einnahmen, werden wieder alle Teilnehmer einbezogen. In Kleingruppen von drei bis vier Teilnehmern wird am Flipchart erarbeitet:

- Was wollen wir ab sofort anders machen bzw. womit wollen wir ab sofort aufhören?
- Woran werden andere die Veränderung bemerken?

Die Ergebnisse werden im Plenum präsentiert und diskutiert und abschließend verbindlich vereinbart.

Persönliche Muster im Konfliktverhalten und gegenseitiges Feedback

Begleitendes Einzelcoaching im Rahmen einer Mediation oder Konfliktbearbeitung im Team kann in folgenden Situationen sinnvoll und unterstützend sein:

- Zur Vorbereitung auf einen antizipierten Konflikt oder eine schwierige Gesprächssituation, um eine unnötige Eskalation zu vermeiden und sein eigenes inneres Gleichgewicht zu behalten. Dies kann eine Verhandlungssituation sein, in der konträre Interessen aufeinander stoßen oder eine bevorstehende Veränderung der Organisation, auf die mit hoher Wahrscheinlichkeit negative Reaktionen und Widerstand folgen werden.
- Während eines Konfliktlösungsprozesses, um einer weiteren Verhärtung der Fronten zuvorzukommen. Ziel kann es für die Konfliktbeteiligten sein, Distanz von der bisherigen Dynamik zu gewinnen und sich zu überlegen, wie man in dem Streit zu einem eher versöhnlichen Umgang kommen könnte (Noble 2014, S. 22). Mit Hilfe des Konfliktcoach lernt das Teammitglied oder die Führungskraft, ihre eigenen Anliegen adäquat zu äußern und sich eventuell von alten Mustern zu trennen, die nicht effektiv sind (zum Beispiel, den Konflikt zu ignorieren oder „auszusitzen").
- Nach einer Mediation kann es das Bedürfnis der Konfliktbeteiligten sein, Ihre Fähigkeiten im „Selbstmanagement" von Konflikten zu stärken. Nicht selten wirken Verletzungen, die man in der Auseinandersetzung mit der anderen Konfliktpartei erfahren hat, nach und es lohnt sich, zu reflektieren, wie man sich in Zukunft selbst besser schützen bzw. die eigene Resilienzfähigkeit erhöhen kann.

Diese Art der persönlichen Reflexion kann auch in einen Team-Workshop integriert werden. *Zunächst erarbeitet jeder Teilnehmer am Flipchart einzeln folgende Fragen* (Noble 2011):
Zum Austausch mit den Teamkollegen

- Auf einer Skala von eins bis zehn: wie schätzen Sie die Möglichkeit für sich ein, mit der aktiven Bearbeitung von Konflikten die Beziehung zu anderen Menschen zu verbessern? Was könnten Sie konkret tun?
- Welche Konfliktmuster sind für Sie typisch? Welchen Nutzen bringen Sie Ihnen? Welche Nachteile haben diese?

Nur zur persönlichen Reflexion

- Was sind Ihre besonders verletzlichen Seiten in einem Konflikt? Wie kam es dazu, dass Sie in bestimmten Situationen oder Kontexten besonders empfindlich reagierten?
- Was hält Sie davon ab, sich von alten Verletzungen zu distanzieren, die heute noch die eine oder andere Beziehung beeinträchtigen?
- Welchen anderen Blick können Sie auf einen Konflikt oder „die andere Person" werfen, um konstruktiv mit der Situation umzugehen?

Im nächsten Schritt wird das Team in zwei Gruppen geteilt: In jeder Gruppe findet über jeden Teilnehmer der anderen Gruppe ein Austauschprozess statt, zu folgenden Fragen:

- Welche Möglichkeit hat Kollege X (in der anderen Gruppe), mit der aktiven Bearbeitung von Konflikten unsere Kooperation im Team zu verbessern?
- Welche Konfliktmuster sind für den Kollegen typisch? Welchen Nutzen bringen Sie ihm/ihr? Welche Nachteile haben diese?

Jeder Teilnehmer kann nach diesem Schritt seine eigene Reflexion (**Selbstbild**) mit dem **Fremdbild** der Kollegen vergleichen. In der Offenlegung der jeweiligen „Bilder" entsteht in dem Team ein intensiver Prozess des gegenseitigen Verstehens, der die Grundlage für Musterwechsel im Umgang miteinander bildet.

Erfahrungen einer Führungskraft im Umgang mit Konflikten – ein Interview

5

Welche Art von Konflikten treten bei Ihnen, d. h. in Ihrem Team/Ihrem Verantwortungsbereich auf?
Konflikte an Schnittstellen (Organisationseinheiten, Funktionseinheiten) wegen unklarer Verantwortlichkeiten, Fokussierung oder Zurückziehen auf Partikularverantwortung.

Verkämpfen um eine Wahrheit, die es nicht geben kann: Unterscheide: sachlich richtig und organisatorisch zweckmäßig bzw. definiert.

Gab es Situationen, in denen Sie das Gefühl hatten, es wäre gut, sich zur Konfliktbearbeitung Unterstützung von außen zu holen?
Immer dann, wenn es um gewachsene und verwachsene Gefühlslagen geht (das hat vor zehn Jahren schon nicht geklappt …).

Wenn ja, was haben Sie in der Situation gemacht?
„Nicht nur reden, wenn es schon zu spät ist“: Regelkommunikation statt eventgetriebener Eskalationsmeetings.

Präsenztermine sind ein „Muss“ (Richtschnur: 1x/Jahr an jedem Standort), Vor- und Nachbereitung von (Produktteam-) Sitzungen mit Standardagenda und OPL sowie Folien zu Kernbotschaften der Tagesordnungspunkte.

Wie haben Sie es geschafft, die Beteiligten ins Boot zu holen?
Rechthaben wollen oder Hierarchische Rolle/Macht spiele bringt m. E. nichts in vernetzten/komplexen Situationen.

Ausgangspunkt: Boshafte Probleme sind nie monokausal: Respekt vor Sach-Komplexität, Organisatorischer Komplexität, Teamkomplexität, Personenkomplexität.

© Springer Fachmedien Wiesbaden 2017

35

S. Wegner-Kirchhoff, *Konfliktcoaching in Organisationen*, essentials,
DOI 10.1007/978-3-658-14507-1_5

Erfolgsfaktoren: Transparenz, Root-Cause-Analyse und (Problemlösungs-) Kompetenz.

Grundhaltung: ich will verstehen und eine gemeinsame Lösung erzielen, die nachhaltig ist auf Basis des gemeinsamen Verständnisses.

Wo gab es Widerstände?
Bei denen, die zu stark reaktiv unterwegs sind. „Es ist ja doch alles klar … – machen!"

Welche Erwartungen haben/bzw. hatten Sie an die Qualifikation und das konkrete Vorgehen des Coaches bzw. Beraters?
Wertschätzung der Standpunkte (wohlwollende Neutralität)/Beruhigung der Emotionen/Herausarbeiten und Visualisieren des Kernproblems (Themenparkplatz im Sinne des iterativen Vorgehens)/Beobachten der „Gefühlslage".

Fallstricke und Stolpersteine im Konfliktcoaching

Wie kann Nachhaltigkeit erreicht werden?
Berater werden häufig erst für die aktuelle Problembegrenzung gerufen, um dann als „troubleshooter" aufzutreten; hier ist es wichtig, dem Kunden zu erklären, dass ein einziger Workshop zwar die Wogen etwas glätten und zu mehr gegenseitigem Verständnis führen kann, die nachhaltige Sicherung einer effizienten Zusammenarbeit jedoch nur in einem Prozess erreicht werden kann, der in der Regel mindestens ein Jahr dauert. In diesem Zeitraum sollte es (mindestens) drei Workshops geben:

- zur ersten Situationsklärung und Erarbeitung alternativer Verhaltensmuster
- zur Reflexion des Erreichten und weiterer Auseinandersetzung über Themen, die bisher „schlafende Hunde" waren
- zur nachhaltigen Sicherung und Verankerung einer neuen Kommunikations- und Kooperationskultur

Einbeziehen der nächsten Hierarchieebenen:
In dem geschilderten Fallbeispiel im Abschn. 4.3 hatten die Berater nicht nachdrücklich genug darauf hingewiesen, wie wesentlich dieser Schritt für den Erfolg der Schnittstellen-Arbeit ist; von Anfang an sollte darauf hingewiesen werden, dass Führungskräfte häufig überfordert sind, an ihre Mitarbeiter die Bedeutung der neuen „Kooperation" und ihre realen Auswirkungen im Tagesgeschäft weiterzugeben. Nicht selten werden positive Verhaltensänderungen auf der Führungsebene durch die Mitarbeiter ignoriert, abgewertet, belächelt oder als neue „Masche" umgedeutet.

© Springer Fachmedien Wiesbaden 2017
S. Wegner-Kirchhoff, *Konfliktcoaching in Organisationen*, essentials,
DOI 10.1007/978-3-658-14507-1_6

Umgang mit Widerstand

Im Prozess des Konfliktcoaching kommt es vor, dass wiederholt Impulse und direkte Arbeitsaufträge in das System gegeben werden, um an die „heißen" Themen heranzukommen (s. a. die Fragen im Abschn. 4.3). Dennoch erlebt der Konfliktcoach, dass im Lauf des Workshops bei den Teilnehmern eine große Unzufriedenheit spürbar wird, nicht zu den wesentlichen Themen vorgedrungen zu sein. Hier bietet es sich an, dass die Berater vor den Beteiligten miteinander ihre „Werkstatt" („open staff") öffnen und über ihre Beobachtungen und Hypothesen sprechen: „Offensichtlich hat das System gute Gründe, sich zu schützen, sehr verantwortlich und bewusst mit Grenzen umzugehen und noch nicht bereit zu sein, sich der notwendigen Veränderung zu stellen. Vielleicht muss es zu weiteren ‚Eskalationen' kommen, damit die beiden Abteilungen einen wirklich lebendigen Prozess der Auseinandersetzung beginnen."

Zielrichtung und Benennen einer Maßnahme

Ganz entscheidend ist am Anfang des Beratungsprozesses, wer die Initiative ergreift, etwas zu verändern und mit welcher Haltung eine betroffene Führungskraft an den Veränderungsprozess herangeht. In vielen Unternehmen werden regelmäßig Mitarbeiterbefragungen durchgeführt, deren Ergebnisse dazu führen, beispielsweise mit einem „unzufriedenen" Team einen Workshop zur Klärung und Verbesserung der Situation („mehr an einem Strang ziehen") durchzuführen. In einem Fall wurde der Konfliktcoach eingeladen, mit dem Teamleiter, dessen Vorgesetzten und einem Vertreter der Personalentwicklung ein Sondierungsgespräch zu führen. Nach einer strukturellen Veränderung hatten sich die Verantwortungsbereiche im Team verändert und die betroffenen Teammitglieder klagten über stetige zusätzliche Belastungen und Neuerungen im operativen Arbeitsalltag. Der Teamleiter empfand es zeitweise als unnötig und lästig, dass seine Mitarbeiter immer wieder mit Fragen auf ihn zukamen. In dieser Situation ergaben sich implizit für die Beteiligten drei Zielrichtungen für eine Teamentwicklungsmaßnahme:

- Für die Personalentwicklung: bearbeiten möglicher Konfliktpotenziale und Stärken der Kooperation miteinander
- Für den Vorgesetzten des Teamleiters: Ruhe im Team bzw. Verringern der Klagen, mehr an einem Strang ziehen, Umsetzen der neuen Anforderungen
- Für den Teamleiter: weniger „angegriffen werden" von den eigenen Mitarbeitern, Entlastung, Durchsetzen der eigenen Erwartungen

Der Termin für einen Workshop wurde festgelegt und den betroffenen Mitarbeitern im Team angekündigt. Unmittelbar danach regte sich im Team massiver Widerstand gegen die Maßnahme, da man vermutete, vom Vorgesetzten im Workshop auf „die Anklagebank gesetzt" zu werden. Hier zeigte sich, dass es dem Vorgesetzten nicht gelungen war, auch sein eigenes Verhalten zu reflektieren und diese Bereitschaft gegenüber dem Team zum Ausdruck zu bringen. Der Konfliktcoach sollte also im Vorfeld darauf achten, wie eine bestimmte Maßnahme im Unternehmen angekündigt wird und eventuell sogar genau besprechen, mit welchem Wortlaut die entsprechende Führungskraft dies umsetzt.

Organisatorischer Rahmen einer Maßnahme

Es kommt nicht selten vor, dass Konfliktparteien aus verschiedenen Himmelsrichtungen zusammen kommen und maximal ein Tag für die Konfliktbearbeitung im Workshop zur Verfügung steht. Diese Rahmenbedingungen stellen an den Konfliktcoach hohe Anforderungen im Sinne intensiver und gezielter Prozessarbeit, die zu konkreten Ergebnissen und wirksamen Verhaltensänderungen führen soll. In einem solchen Fall ist es notwendig, den Klienten darauf hinzuweisen, dass im Workshop bisher unausgesprochene Konfliktthemen an die Oberfläche kommen können, die in der Regel mit starken Emotionen wie Ärger und Wut verbunden sind. An einem Tag würde es nicht möglich sein, diese konstruktiv zu bearbeiten. Im Gegenteil, bestünde sogar das Risiko, dass sich die Unzufriedenheit durch den Zeitdruck bei allen Beteiligten noch verstärkt und man letztlich den Konfliktcoach dafür verantwortlich macht, dass „man ja wieder zu keiner Lösung gekommen sei".

Besteht dennoch keine Chance, mehr Zeit für das Konfliktcoaching einzuplanen, sollten mit den Beteiligten beider Seiten auf jeden Fall ausführliche Interviews (s. Abschn. 4.2) geführt werden. Je nach persönlicher Einschätzung des Konfliktcoachs kann es aber auch sinnvoll sein, einen Auftrag abzulehnen, da der enge Zeitrahmen keine professionelle Arbeit zulässt.

Zusammenfassung und Ausblick

Konfliktcoaches werden gerufen, weil bestimmte Personen in einer Organisation einen Kontext als Problem definieren und dazu eine entsprechende emotionale Energie (Ärger, Wut, Enttäuschung etc.) entwickeln, die sie zum Handeln veranlasst.

Die Vorgespräche, die die Berater führen, haben die Funktion, sich kundig zu machen. Das Problem verstehen sie allerdings immer anders als der Klient selbst; denn es existiert außerhalb der Beratungsbeziehung. Die Berater haben es also nicht mit dem realen Problem zu tun, sondern mit den sprachlichen Äußerungen des Klienten über sein Problem. Die Vorgespräche dienen also dazu:

- Eine hilfreiche Grundannahme im Klientensystem über die Berater zu erzeugen (z. B. „Die kann man nicht für dumm verkaufen!", „Denen kann man vertrauen!", „Die sprechen brisante Themen an!", „Die schonen die Hierarchie nicht!", etc.)
- Eine Dynamik zu erzeugen, die die Beteiligten veranlasst, bereits vor einer Maßnahme miteinander zu reden und sie energetisiert
- Bei den Führungskräften und Mitarbeitern eine Erweiterung des Interpretationsrahmens durch Umdeutung (z. B.: „Wir nehmen alles an und sagen nie: Es geht nicht!") zu erzielen

Das Konfliktcoaching wird erfolgreicher, je mehr es gelingt, einen Kontext zu „konstruieren", in dem zwischen den Beteiligten eine Kontaktqualität entsteht, so dass:

- Themen verhandelt werden, die vorher vermieden wurden
- Neue Interaktions- und Beziehungsangebote entstehen, damit …
- … neues Denken und Fühlen möglich wird

Eine solche Kontaktqualität ist notwendige Voraussetzung für nachhaltige Veränderung; denn
Kontakt kommt vor Konsens und Kooperationsfähigkeit.

Was Sie aus diesem *essential* mitnehmen können

- In komplexen und langandauernden Konfliktsituationen erarbeiten die Beteiligten mit dem Konfliktcoach zunächst eine gemeinsame Vertrauensbasis der „Koexistenz". Dabei geht es um die Stärkung der eigenen Person („Empowerment") und die Anerkennung der Position des Konfliktpartners („Recognition").
- Die mediatorische Haltung verbessert das Verständnis für die emotionale Befindlichkeit und die Interessenslage der anderen Konfliktpartei und öffnet den Weg zur Verbesserung der Kooperation.
- Führungskräfte können folgenschwere Eskalationen vermeiden, wenn sie den Mut haben, beteiligte Kollegen und Mitarbeiter zu einem Schnittstellen-Workshop zusammen zu bringen, dessen Rahmen es ihnen ermöglicht, einen Perspektivenwechsel vorzunehmen und bisherige gegenseitige Zuschreibungen zu reflektieren bzw. in Frage zu stellen.

© Springer Fachmedien Wiesbaden 2017   41
S. Wegner-Kirchhoff, *Konfliktcoaching in Organisationen*, essentials,
DOI 10.1007/978-3-658-14507-1

Literatur

Amadei, Robin N. 2010. Conflict coaching: A powerful ADR Tool Common Ground Mediation Center, LLC, 303-604-1960. http://mediate.com/pdf/conflictcoachingAmadei.pdf. Zugegriffen: 7. Jan. 2016.

Ballreich, Rudi, und Friedrich Glasl. 2011. *Konfliktmanagement und Mediation in Organisationen.* Stuttgart: Concadora Verlag.

Bernhardt, Kerstin. 2000. Steuerung der Emotion. Empörung durch Umwandlung assertorischer Urteile in hypothetische Urteile und Fragen: Ein Trainungsprogramm. Unveröffentlichte Diss., Trier, Fachbereich I, Psychologie.

Duss-von-Werdt, Joseph. 2009. Systemische Aspekte. In *Handbuch Mediation,* Hrsg. Fritjof Haft und Katharina v. Schlieffen, 231–265. München: Beck.

Friedman, G., und J. Himmelstein. 2008. *Challenging conflict.* Chicago: ABA Publishing, American Bar Association.

Hauser, Bernhard. 2012. *Action learning.* Bonn: managerSeminare Verlags GmbH.

Jones, Tricia S., und Ross Brinkert. 2008. *Conflict coaching.* Los Angeles: Sage Publications.

Kempf, Eberhard. 2009. Der Psychologe als Mediator. In *Handbuch Mediation,* Hrsg. Fritjof Haft und Katharina v. Schlieffen, 855–876. München: Beck.

Kessen, Stefan, und Markus Troja. 2009. Die Phasen und Schritte der Mediation als Kommunikationsprozess. In *Handbuch Mediation,* Hrsg. Fritjof Haft und Katharina v. Schlieffen, 303–319. München: Beck.

Kessen, Stefan, und Beate Voskamp. 2010. Präzise Interessenklärung. *Perspektive Mediation* 2: 66–71.

Lang, Anne M. 2004. Systemische Frage-Interventionen. In *Coaching-tools,* Hrsg. Christopher Rauen, 221–226. Bonn: managerSeminare Verlags GmbH.

Miller, Peter. 2003. Workplace learning by action learning: A practical example. *Journal of Workplace Learning* 15 (1): 14–23.

Montada, Leo, und Elisabeth Kals. 2007. *Mediation. Ein Lehrbuch auf psychologischer Grundlage.* Weinheim: Beltz.

Müller, Gabriele, und Kay Hoffman. 2002. *Systemisches Coaching.* Heidelberg: Carl-Auer-Systeme.

Noble, Cinnie. 2011. Conflict management coaching. http://icfheadquarters.blogspot.de/2011/03/conflict-management-coaching.

© Springer Fachmedien Wiesbaden 2017

S. Wegner-Kirchhoff, *Konfliktcoaching in Organisationen,* essentials,

DOI 10.1007/978-3-658-14507-1

Noble, Cinnie. 2014. The growth of conflict management coaching in the workplace. *ACResolution Magazine* 2014 (Summer): 22–24.

Oboth, Monika, und Gabriele Seils. 2008. *Mediation in Gruppen und Teams*. Paderborn: Junfermann Verlag.

Ripke, Lis. 2011. Kommunikation in der Mediation Videoseminar I. Unveröffentlichte Ausbildungsunterlagen. Heidelberger Institut für Mediation.

Schein, Edgar H. 2010. *Prozessberatung für die Organisation der Zukunft*. Bergisch Gladbach: Verlag Andreas Kohlhage.

Schmidt, Thomas. 2013. *Konfliktmanagement-Trainings erfolgreich leiten*. Bonn: Manager-Seminare Verlags GmbH.

Schreyögg, Astrid. 2002. *Konfliktcoaching*. Frankfurt a. M.: Campus.

Sy, Thomas, und Laura S. D'Annunzio. 2005. Challenges and strategies of matrix organizations. *Human Resource Planning* 28 (1): 39–47.

Theobald, Olivier. 2008. *Lesebuch 1*. Vechta: Geest-Verlag.

Wegner-Kirchhoff, Sabine. 2013. Klopfgeräusche in der Schnittstelle. *Zeitschrift für Konfliktmanagement* 3: 94–98.

Weiss, Thomas. 1988. *Familientherapie ohne Familie*. München: Kösel Verlag GmbH.